O LIVRO "PROMOVER E PROSPERAR: ESTRATÉGIAS PARA O CRESCIMENTO DOS NEGÓCIOS"

Contente

3

4

6

ANTES

O que é Marketing Empresarial?

Para atingir seu público-alvo, enviar mensagens e aumentar as vendas de produtos e serviços, muitas organizações e empresas usam várias táticas de marketing, como a publicidade corporativa. Para atingir seu objetivo, eles podem usar uma variedade de estratégias, incluindo relações públicas, venda pessoal e marketing direto. Ao escolher a melhor estratégia de marketing para o seu negócio, você pode aumentar seus lucros e construir uma forte reputação. Este artigo aborda a definição de promoção comercial, a distinção entre ela e a publicidade e uma discussão de suas diversas formas.

O que é Marketing Empresarial?

Para a resposta à pergunta "O que é suporte comercial?" Você pode investigar o que inclui e quais são suas múltiplas variações. As empresas usam a promoção comercial como um método para aumentar as vendas de seus bens e serviços. Faz parte do mix de marketing, que também inclui os elementos de produto, preço, localização e propaganda. A utilização de diferentes plataformas faz parte do marketing comercial, cujo objetivo é atrair clientes para a compra.

A publicidade e a promoção comercial têm finalidades distintas.

As categorias exatas em que o marketing empresarial e a publicidade se enquadram são apenas uma das diferenças entre eles. As outras distinções são:

definição

O objetivo do marketing empresarial é aumentar as vendas fazendo com que as pessoas comprem coisas. Folhetos, mídia social e vendas diretas de pessoa para pessoa são algumas das maneiras pelas quais as empresas fazem isso. A publicidade informa as pessoas sobre um produto ou serviço por meio de uma rede patrocinada, como comerciais de televisão. Parte do marketing empresarial é a publicidade.

Metas

O objetivo da publicidade comercial é atrair clientes que já conhecem um produto, serviço ou marca para comprá-lo. O principal objetivo deste exercício é aumentar as vendas. A publicidade atinge consumidores que podem ou não conhecer uma determinada marca .

Construir a reputação de uma marca é o principal objetivo da publicidade. As estratégias de suporte de marketing têm um impacto imediato, enquanto a publicidade pode levar algum tempo para causar impacto.

Tecnologia

Enquanto a publicidade comercial é mais direta, a publicidade usa uma técnica indireta para aumentar a conscientização sobre um produto.

Qual é o mercado-alvo?

Um público-alvo é um grupo demográfico específico com maior probabilidade de comprar seu produto ou serviço. Como você pode ver no gráfico abaixo, é fundamental para todos os seus planos de segmentação e publicidade.

Difere da segmentação por persona (grupos ideais de pessoas que são clientes ideais), que é muito mais ampla e abrange grupos que "podem estar interessados".

Grupos-alvo típicos

Uma estratégia inteligente para garantir que você se conecte e influencie as pessoas com maior probabilidade de se tornarem clientes é definir seu público-alvo.

A BMW, por exemplo, tem um mercado-alvo específico para o qual oferece uma variedade de carros (e agora experiências) com base na "máquina motriz definitiva".

Embora a BMW seja conhecida por seus clientes muito leais, a empresa também está procurando ativamente por novos clientes.

Embora os clientes ricos sejam o principal público-alvo da empresa, ela também direciona sua publicidade para uma ampla gama de pessoas em todo o mundo.

Como encontrar e se conectar com seu público-alvo

Toda empresa deve ter uma ideia de seu mercado-alvo, mas no marketing B2B pode ser especialmente útil desenvolver personas-alvo que vão muito mais fundo. Aqui você pode usar perfis baseados em pesquisas que identificam seus clientes em potencial para ajudá-lo a criar conteúdo específico para eles e suas necessidades.

Maneiras eficazes de criar uma grande identidade de marca?

Os clientes modernos querem estar conectados à voz, mensagem e imagem de marca de uma empresa, não apenas a um produto específico. No entanto, construir uma marca é mais um processo do que apenas uma ação. O empreendedor deve escolher as melhores estratégias para comercializar sua identidade de marca e "vivê-la" constantemente, conhecer seu trabalho e seus consumidores.

Concentre sua marca em sua história

Consumidores experientes estão procurando maneiras de se conectar e se identificar com os produtos e serviços que compram. Encontrar-se em sua história de origem é uma maneira poderosa de os consumidores se conectarem com sua marca. Sua história de negócios deve apresentar inspiração para o seu desenvolvimento, para que seus clientes-alvo possam se relacionar e desenvolver um sentimento de lealdade a você.

Certifique-se de que o cliente está satisfeito. Mantém a promessa da marca

Considere como a experiência real do consumidor reflete a promessa da marca. Por exemplo, como os pontos de contato com o cliente refletem a orientação de confiança da promessa da marca? A sua fatura mostra apenas a multa por falta de pagamento? Como isso cumpre a obrigação? É importante pensar em como cada estágio da jornada do cliente se relaciona com sua marca. **Certifique-se de que os membros da sua equipe gostem.**

Os líderes empresariais muitas vezes esquecem que seus funcionários são os melhores embaixadores da marca. Você construirá sua marca mais do que pretendia tratando seus funcionários com respeito, fazendo com que se sintam valorizados pelo trabalho para o qual foram contratados e dando-lhes liberdade para inovar. Concentre-se em seus clientes internos; Você pensa no resto.

Começa com um forte senso de identidade.

Quando você não sabe como as pessoas que deseja alcançar o veem, é quase difícil desenvolver uma estratégia de marca altamente bem-sucedida. Compreender o valor do seu negócio único é fundamental, mas envolve mais do que se gabar para os outros sobre o quão bom você é no que faz. Não confunda os dois. É por isso que as grandes empresas gastam muito dinheiro em grupos focais.

Destaque-se da concorrência

As marcas que atendem à demanda não atendida do mercado se diferenciam da concorrência. Um que combina paixão e honestidade, algo que eles capturam e transmitem com ousadia ao público. No entanto, muitos gerentes de marca hesitam em experimentar coisas novas ou se aventurar no desconhecido. Ser comparável à oposição é fatal. O mercado está faminto por novidades, então dê a eles e eles comprarão.

Para criar um slogan e logotipo:
7 dicas de foco.

Isso faz sentido:

- Envie uma mensagem que seu público-alvo levará a sério e entenderá.

- Torne-o inesquecível.

- Jack

- Diga isso em voz alta

- Incorpore-o ao design do seu logotipo. faça o que você pode fazer

- O que torna um design de logotipo memorável?

- Elementos importantes na criação de um design de logotipo memorável Você precisa ter certeza de que o design do seu logotipo é simples, mas distinto.

Crie uma presença digital

Em 2023, percebemos que nada é certo quando se trata de pequenos negócios. As empresas mudaram, os modelos de negócios foram interrompidos, os hábitos e comportamentos do consumidor mudaram. A introdução de novas tecnologias e a adoção de métodos digitais desempenharam um papel importante em muitas dessas melhorias.

Agora vamos ver como o uso de táticas digitais pode ajudá-lo a construir uma forte presença online, alcançar mais novos clientes, aumentar o envolvimento com sua base de clientes atual e aumentar o perfil de toda a sua empresa. Eles precisam alcançar os consumidores onde eles estão agora

– online – porque o comportamento do consumidor mudou.

Escolha o melhor construtor de sites para o site da sua pequena empresa.

Você pode criar seu site usando um dos vários construtores de sites disponíveis. Alguns contam com habilidades básicas de design e codificação, enquanto outros fazem exatamente isso.

Invista em um domínio

Se você deseja inspirar confiança online e convencer os clientes de que você é o verdadeiro negócio, sua empresa precisa de um nome de domínio. Possuir seu próprio nome de domínio melhora as classificações do mecanismo de pesquisa e protege sua marca.

Pense no seu nome de domínio como a versão da Internet de sua localização física. Determine como as pessoas o encontram online.

Qual deve ser o seu nome de domínio, então? Ao escolher um nome de domínio, tente mantê-lo o mais curto e relevante possível para o seu negócio. Para incentivar os clientes a voltar (e talvez recomendá-lo aos amigos!), certifique-se de que seja relevante para o seu negócio, fácil de encontrar e, de preferência, fácil de lembrar.

Ao escolher seu nome de domínio, há várias coisas a evitar, incluindo números, hífens e abreviações. Obviamente, também é muito importante garantir que você possa realmente comprar o nome de domínio desejado. Não há nada pior do que escolher um nome de domínio e até mesmo configurar contas de mídia social apenas para descobrir que você já está fisgado.

a página de boas-vindas

Pense na página inicial do seu site como a entrada. Esta é sua chance de causar uma boa primeira impressão e destacar os principais recursos do seu produto ou serviço. Tenha em mente que os consumidores não têm muito tempo e as decisões sobre o seu site são tomadas em apenas 0,05 segundos (!!!).

Ao projetar sua página inicial, é importante pensar: "Para quem é isso?" Isso vale tanto para o seu site quanto para todo o seu negócio. Certifique-se de que sua página inicial indique claramente se você está segmentando um grupo ou setor específico. Pode ser comunicado por meio de palavras, imagens ou, melhor ainda, de ambos.

Explique claramente aos seus visitantes o que fazer a seguir. Você quer que as pessoas comprem de você, liguem para você ou se inscrevam em sua lista de mala direta? A última página ou ação que os visitantes realizam em seu site não deve ser sua página inicial.

A biografia da sua página inicial

Todo pequeno empresário tem uma história para contar. O que te levou a começar? Que problema você está tentando resolver? Por que você valoriza o seu negócio? Você deve contar esta história em sua página Sobre.

Às vezes ele parece desconfortável ou forçado a falar sobre si mesmo. No entanto, ao contar a história de sua pequena empresa, você está dando a um cliente ou apoiador em potencial a oportunidade de aprender mais sobre você do que eles poderiam. Explique por que eles devem se interessar pelo que você faz e o que diferencia sua empresa da concorrência.

Compartilhe também todos os filmes e fotos que você tem. Apesar de ser um rosto familiar no escritório da Constant Contact, Dawn em La Provence não gosta de ser fotografado ou compartilhado online. Embora recomendado, optamos por incluir a famosa porta La Provence em sua página Sobre, em vez de uma foto sua e de sua equipe. Abaixo da foto, Dawn fornece informações sobre a história da loja, sua origem e localização.

página de contato para você

Basicamente, uma página de contato só é necessária para que seus clientes entrem em contato com você. É importante ser claro sobre o que os visitantes esperam de você quando entrarem em contato com você. Quando você vai responder de novo? O que você espera que eles apresentem? Que detalhes você absolutamente precisa incluir em sua mensagem?

É uma boa ideia incluir detalhes de seus dados de contato e onde e quando os clientes podem encontrá-lo. Embora a maioria das pessoas provavelmente use o formulário de contato, outras podem querer uma resposta urgente e preferir ligar ou passar por aqui. Fornecer seu endereço, detalhes de contato e horário de funcionamento nesta página facilitará esse processo.

Como as empresas podem usar as redes sociais para o seu marketing?

A mídia social é uma ótima maneira de se conectar com seus clientes e ver o que os outros estão dizendo sobre sua empresa. Aplicativos móveis, brindes e publicidade em mídia social são outros usos possíveis. A mídia social pode ajudar sua empresa a atrair clientes, coletar feedback dos clientes e criar fidelidade.

Quanto a mídia social é usada para anunciar para outras empresas?

Como criar uma estratégia de marketing de mídia social B2B eficaz

Sincronize seus objetivos com os do seu negócio.

Esteja ciente das oportunidades sociais.

Fique de olho em seus clientes.

Use as plataformas de mídia social certas.

Crie conteúdo B2B de um novo ângulo.

Analise suas estatísticas para ver seu progresso.

O que exatamente é marketing de SEO?

A otimização do mecanismo de pesquisa (SEO) envolve a classificação do seu site para aparecer mais alto em uma SERP (página de resultados do mecanismo de pesquisa) para atrair mais visitantes. Classificar palavras-chave na primeira página dos resultados do mecanismo de pesquisa para o seu mercado-alvo é uma prática comum.

Descreva SEO. Como funciona?

A arte e a ciência de melhorar a posição de uma página em mecanismos de pesquisa como o Google são chamadas de otimização da web (SEO). Como a pesquisa é uma das principais maneiras pelas quais os consumidores descobrem o conteúdo on-line, o tráfego de um site pode aumentar à medida que ele tem uma classificação mais alta nos mecanismos de pesquisa.

Como você pode usar SEO para comercializar um negócio?

8 dicas de SEO para pequenas empresas

1. Escolha palavras-chave lógicas.
2. Preste atenção aos seus itens exclusivos.
3. Crie links para seu site em vez de preenchê-lo com palavras-chave.
4. Produzir muito de primeira classe,
5. Material publicável.
6. Participe de atividades de mídia social.
7. Verifique se o seu site é fácil de navegar.
8. Analise os resultados.

O que é uma estratégia de promoção de conteúdo?

A prática de compartilhar postagens de blog e outros recursos por meio de canais pagos e gratuitos. Portanto, publicidade de influenciadores, relações públicas, marketing por e-mail, mídia social e distribuição são conhecidos como publicidade de conteúdo.

O que o marketing de conteúdo empresarial inclui?

Uma forma de publicidade conhecida como "marketing de conteúdo" é a criação e distribuição de conteúdo online com o objetivo de incentivar os leitores a visitar o site de uma marca, e não apenas promovê-lo. O uso de storytelling e compartilhamento de informações ajuda a aumentar o conhecimento da marca.

Como o marketing de conteúdo pode ser usado para promover meu negócio?

1. Como usar o marketing de conteúdo para expandir seus negócios
2. Determine seu mercado-alvo.
3. Pesquise termos relevantes.

4. Escolha e aloque seus recursos.
5. Você tem que planejar sua equipe.
6. criar conteúdo
7. Anuncie para o público-alvo que você deseja.
8. Adicione seus resultados.

Quais abordagens de marketing são suportadas pelas mídias sociais?

Marketing de mídia social baseado em buffer

Algumas empresas usam as mídias sociais para aumentar o reconhecimento da marca, enquanto outras as usam para gerar vendas e tráfego para o site. O uso da mídia social também pode ajudá-lo a criar uma comunidade, aumentar a visibilidade da sua marca e oferecer aos clientes uma maneira de entrar em contato com você para obter suporte ao cliente.

Quais são os cinco métodos de marketing de plataformas de mídia social?

Cinco dicas para um marketing de mídia social eficaz

Crie um plano de ação. Cada plataforma requer uma abordagem única.

Ser confiável. Embora a frequência de postagem varie de acordo com a plataforma, é sempre uma boa ideia postar com frequência.

Crie conteúdo interessante e envolvente para aumentar o engajamento.

Monitoramento e análise de métricas.

Qual é o marketing digital mais eficaz para as empresas?

- Facebook,
- Chilrear,
- Instagram,
- LinkedIn,
- Snapchat,
- E
- interesse

Algumas das plataformas mais usadas para construir marcas e gerenciar campanhas de marketing?

O que é Email Marketing para Publicidade?

Definição. Um e-mail promocional será enviado para a lista de discussão promovendo seu produto ou serviço novo ou existente. As mensagens promocionais são enviadas para informar as pessoas sobre novos materiais, ofertas especiais ou ofertas.

Como funciona o e-mail marketing?

O marketing por e-mail pode ser usado para informar os assinantes da lista que você mantém sobre novos produtos, descontos e outros serviços. Outra estratégia de marketing mais sutil é educar seu público sobre os benefícios do seu negócio ou manter sua atenção após a venda.

Quais são os quatro tipos de e-mail marketing?

Aqui estão 4 ótimas estratégias de email marketing que você pode usar, junto com alguns exemplos.

Boletins informativos por e-mail.

Boletins informativos por e-mail,

também conhecidos como e-mails transacionais, são uma das iniciativas de marketing por e-mail mais populares e populares.
Retenção de e-mail. e-mails promocionais.

Como o e-mail marketing pode ser usado para promover um negócio?

Dicas para criar uma campanha de marketing por e-mail bem-sucedida
Selecione uma lista de discussão relevante.
Crie seu e-mail.
Personalize o assunto e o corpo do seu e-mail.
Seja amigável e atraente.
Configure acompanhamentos.
Os e-mails devem ser enviados por uma pessoa real.
Faça um teste A/B em seus e-mails.

Siga as regras de mensagens para evitar spam.

O que é publicidade patrocinada na publicidade?

Aula de Marketing Digital: Publicidade Paga - DMI

Qualquer colocação ou espaço de mídia deve ser adquirido para o material a ser pago para fins de marketing. Geralmente são anúncios ou comerciais projetados especificamente para segmentar seu público. A publicidade paga é uma maneira fantástica de determinar a eficácia do seu conteúdo e a resposta do seu público à sua mensagem de marketing.

Que tipo de publicidade é paga?

Quais são os benefícios dos anúncios pagos?

A publicidade online que você compra é chamada, como o nome

sugere, de publicidade paga. Pay-Per-Click (PPC), publicidade programática como Google Ads, Google Display, Facebook Ads, Youtube Ads, LinkedIn Ads, Google e Facebook retargeting e muitos outros são alguns exemplos de publicidade paga.

Como posso comercializar o meu negócio e ganhar dinheiro ao mesmo tempo?

Finalmente, irá encorajá-lo a encontrar formas novas e originais de promover a sua publicidade.

Rede com uma empresa de publicidade automotiva. Venda espaço publicitário em seu podcast. Venda espaço publicitário em seu site.

Venda a tela de bloqueio do seu telefone. Analise produtos em sites de redes sociais.
Torne-se uma influência poderosa.
Envie postagens de convidados.

Como posso obter influenciadores para apoiar o meu negócio?

A chave para fazer com que os influenciadores aprovem suas postagens é explicar por que você acha que eles seriam adequados para o seu negócio. Diga ao produtor de conteúdo por que você gosta deles e como eles apoiam os objetivos de sua campanha e os valores da marca.

Quais benefícios o marketing de influenciadores pode oferecer às empresas?

Trabalhar com influenciadores pode ajudar sua empresa a se destacar online. Além disso, você pode aumentar o envolvimento do público, a reputação da marca e as taxas de conversão. Chegou a hora de os profissionais de marketing e empreendedores entenderem e aproveitarem o valor do marketing de influenciadores.

O que as empresas comerciais incluem?

Parcerias são acordos e ações entre organizações que concordam em compartilhar recursos para alcançar um objetivo comum. As colaborações requerem a participação de pelo menos duas partes dispostas a trocar recursos como dinheiro, informações e pessoas.

Qual é o papel das alianças e da cooperação no mundo dos negócios?

A colaboração tem vários benefícios e, quando bem feita, pode aumentar drasticamente o envolvimento, o bem-estar e a produtividade dos funcionários. Para ter sucesso, uma empresa colaborativa precisa de três elementos essenciais: uma cultura colaborativa, as tecnologias certas e objetivos claramente articulados.

O que é marketing de marca por meio da colaboração empresarial?

Como aumentar seus seguidores no Instagram por meio de colaborações com marcas...

As parcerias Marca x Marca são formadas quando duas ou mais empresas trabalham juntas para criar algo diferenciado e original para uma campanha, ajudando-se mutuamente a crescer.

Estratégia de Marketing Local: O que é?

O objetivo do marketing local é atingir as pessoas que moram na mesma cidade ou região do seu negócio. Essa parte de sua estratégia de marketing visa clientes que podem comprar seus produtos ou serviços a qualquer momento e que estão dentro de um determinado raio da localização real de sua empresa, geralmente com base na distância percorrida.

Como posso promover o meu negócio no meu bairro?

- Como promover seu negócio localmente
- Junte-se a organizações regionais.
- Organizar torneios e competições.
- Oferecer benefícios e incentivos locais.
- Conecte-se com influenciadores e empresas em sua área.
- Liste sua empresa em todos os diretórios locais.
- Coloque seu logotipo nas máquinas.
- Patrocine um grupo ou atividade

O que são depoimentos e avaliações?

As avaliações são a opinião impulsiva e honesta de um consumidor sobre sua compra, seja positiva ou negativa. Por outro lado, os depoimentos são apenas histórias positivas de clientes coletadas com aspectos de marketing.

O que inclui um depoimento?

Exemplos de depoimentos de publicidade roubáveis que você pode...

O comentário de um cliente sobre como um produto ou serviço o ajudou geralmente é um endosso. Isso é chamado de certificado de recomendação. Uma das melhores maneiras de comercializar seus negócios é por meio de publicidade de depoimentos que aproveitam depoimentos reais de clientes em linguagem e criatividade publicitárias.

Como as avaliações e recomendações dos consumidores são usadas?

- Coloque depoimentos em páginas de destino.
- Inclua depoimentos em e-mails de marketing.
- Use depoimentos de clientes em seus anúncios patrocinados.
- Incorpore os relatórios em seu blog.
- Coloque sinais perto do CTA.
- Publique comentários nas redes sociais.

- Transforme depoimentos de clientes em histórias de sucesso.
- Não ignore críticas negativas.

Qual é a abordagem de análise de marketing?

O que é uma análise de marketing? Uma avaliação de marketing é um processo que permite entender as múltiplas segmentações demográficas e de público-alvo do seu mercado-alvo, bem como táticas de engajamento bem-sucedidas, jornada do cliente e técnicas de otimização de conversão.

Quais são os quatro tipos diferentes de táticas de marketing?

Publicidade tradicional e na Internet, venda cara a cara, venda direta, relações públicas, patrocínios e promoções são exemplos de tipos de estratégias de publicidade.

Como posso promover meu negócio off-line?

Cartões de visita para sua pequena empresa - conceitos de marketing offline. Uma das melhores maneiras de promover o seu negócio é gastar dinheiro em cartões de visita de qualidade.

Crie panfletos e brochuras.

Crie um livro, mude de marca, ofereça descontos, etc.

Envie cartões e presentes de Natal. promoção cruzada. participação da comunidade.

Programas de fidelidade: o que são?

Como Aumentar a Participação em Programas de Fidelização de Clientes...

Uma abordagem sistemática para a retenção de clientes que visa recompensar os clientes é um programa de fidelidade. O objetivo é fazer com que as pessoas continuem comprando da sua empresa e não da concorrência. Além disso, aumente a confiança do cliente em sua marca.

Quais benefícios os programas de fidelização de clientes podem oferecer às empresas?

Os programas de fidelidade podem ajudar as empresas a reter seus clientes mais valiosos com incentivos exclusivos. Você também pode coletar dados de marketing importantes, aumentar as referências e fazer outras coisas. Os profissionais de marketing também adoram programas de fidelidade, portanto, eles não são apenas para clientes.

O que são programas de fidelização de clientes e como as empresas os utilizam?

O que é um Programa de Fidelidade? Os clientes que se envolvem com uma marca geralmente são recompensados com programas de fidelidade. É um método de fidelizar o cliente, incentivando-o a continuar comprando de sua empresa e não de um de seus concorrentes. Os clientes obtêm mais incentivos quanto mais gastam ou interagem com a empresa.

Aproveite a leitura

www.ingramcontent.com/pod-product-compliance
Lightning Source LLC
Chambersburg PA
CBHW071115260726

48661CB00006B/2620